L'EXPLOIT DE GUSTAVE EIFFEL

© 2016 Éditions Nathan, SEJER, 25, avenue Pierre-de-Coubertin, 75013 Paris, France
Loi n° 49-956 du 16 juillet 1949 sur les publications destinées à la jeunesse,
modifiée par la loi n° 2011-525 du 17 mai 2011
ISBN 978-2-09-256498-1
N° d'éditeur : 10217470 – Dépôt légal : avril 2016
Achevé d'imprimer en mars 2016 par La Nouvelle Imprimerie Laballery
(58500 Clamecy, Nièvre, France)
N° d'impression : 603098

L'exploit de Gustave Eiffel

Hélène Montardre

Illustrations de Glen Chapron

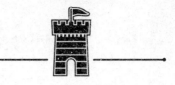

L'AVENTURE COMMENCE…

QUAND ?

Nous sommes au printemps de l'année 1884.

OÙ ?

En France, à Paris. À cette époque, la France est une république, et son président s'appelle Jules Grévy. Le centenaire de la Révolution française de 1789 approche, et le gouvernement réfléchit à une manifestation extraordinaire pour commémorer cet événement.

MAIS ENCORE ?

Le président de la République pense à une Exposition universelle, qui se tiendrait à Paris, au cours de l'été 1889. Des Expositions universelles ont déjà eu lieu dans la capitale française, mais aussi ailleurs en Europe ou dans le monde. Leur rôle est de présenter au grand public les produits et les réalisations du plus grand nombre de pays possible.

QUI ?

Gustave Eiffel est un ingénieur spécialisé dans la conception et la fabrication d'ouvrages en fer. Il possède des ateliers de constructions métalliques, situés à Levallois-Perret. Il a 52 ans, et il est connu pour avoir réalisé des centaines de ponts, des viaducs ou des charpentes métalliques, un peu partout dans le monde. Il est inventif, audacieux et il croit dans le progrès scientifique et technique.

Ce jour-là, à Paris, Gustave Eiffel a convoqué deux de ses collaborateurs dans son bureau...

1

LE « CLOU »
DE L'EXPOSITION

– Je veux du spectaculaire. Du spec-ta-cu-laire !
Gustave Eiffel dévisage tour à tour ses collaborateurs, Maurice Kœchlin et Émile Nouguier. Les deux hommes restent muets. Ils attendent qu'Eiffel développe.

Celui-ci marche de long en large dans son bureau, expliquant, de plus en plus excité :

– Vous vous rendez compte ? 1889 ! Cela fera exactement cent ans que la Révolution a éclaté. Et voyez ce que nous avons réalisé depuis : les belles idées d'alors ont été mises en application, et nous sommes en république. Cela mérite d'être fêté dignement, non ?

Maurice Kœchlin et Émile Nouguier hochent la tête tandis qu'Eiffel enchaîne :

– Le gouvernement parle d'organiser une nouvelle Exposition universelle pour commémorer cet événement. C'est une excellente idée, et l'entreprise Eiffel doit y participer. Mais pour être à la hauteur, nous devons présenter à l'Exposition quelque chose d'extraordinaire. Quelque chose qui marquera les esprits, qui marquera ce siècle, et même le prochain ! Il faut du sensationnel, du jamais-vu.

– Euh... oui, murmure Maurice Kœchlin. Mais quoi ?

– C'est justement pour répondre à cette question que vous êtes ici, réplique Eiffel. Faites-moi des propositions. Trouvez-moi ce qui sera le clou de l'Exposition.

Maurice Kœchlin est le chef du bureau d'études de l'entreprise Eiffel. Son métier consiste à étudier des projets pour son patron. Voilà pourquoi Gustave Eiffel s'est adressé à lui en particulier.

Depuis, il réfléchit à sa demande et aux exigences du gouvernement. Celui-ci a déclaré que l'Exposition universelle de 1889 devait mettre particulièrement en avant les réalisations industrielles de la France et de la Grande-Bretagne. Alors, la France doit vraiment frapper un grand coup.

Kœchlin poursuit sa réflexion. Les progrès de la métallurgie ont permis le développement des constructions en fer et en métal. Et aucun doute n'est permis : sur ce terrain-là, Gustave Eiffel s'est forgé un nom. Son entreprise est spécialisée dans la construction des charpentes métalliques. On lui doit aussi de nombreux ponts et viaducs, tous en fer.

Pendant que Maurice Kœchlin réfléchit, ses doigts promènent un crayon sur un cahier. Petit à petit, des lignes se dessinent, s'entrecroisent et des formes naissent sans qu'il y prenne vraiment garde.

« Le clou de l'Exposition » a dit son patron. Il a aussi parlé de « sensationnel » et de « jamais-vu ».

La main de Maurice Kœchlin empile à présent des petits cubes sur le papier. Dans sa tête, il passe en revue les dernières réalisations de l'entreprise Eiffel. Il y a le viaduc de Garabit qui enjambe les gorges de la Truyère à une hauteur vertigineuse.

Et aussi l'ossature de fer de cette statue géante

que le sculpteur Auguste Bartholdi a réalisée pour les Américains. Elle porte un joli nom, cette statue : «La Liberté éclairant le monde». Rapidement, Maurice Kœchlin dessine l'ossature en question. C'est un pilier métallique, ni plus ni moins, auquel Bartholdi a accroché ses matériaux. Ce pilier assure la stabilité et la solidité de l'ensemble. C'est tout simple, il fallait juste y penser.

Et sur quoi le prodigieux viaduc de Garabit repose-t-il ? Sur des pylônes.

L'entreprise Eiffel est très forte en pylônes...

Le crayon de Maurice Kœchlin court à toute vitesse sur le papier. Il dessine un pilier ; un pilier de plus en plus haut ; plus haut que ceux de Garabit ; plus haut que l'ossature de la statue de la Liberté de New York ; plus haut que n'importe quel monument au monde.

Il s'arrête enfin, le souffle court, et contemple son œuvre.

– Ce n'est pas un pilier, murmure-t-il. C'est une tour ! Une tour de trois cents mètres de haut.

Il étouffe un petit rire et ajoute :

– Et pour un clou, c'est un joli clou !

Son rire s'éteint. Il n'est pas le premier à avoir l'idée d'une tour d'une telle hauteur. D'autres l'ont eue avant lui. Ils ont même tenté de la construire. En vain.

« Et alors ? » se dit Kœchlin.

Il étudie sa « tour ». Elle ressemble vraiment à une pile de pont. Une pile de cinq étages. Elle n'est pas très gracieuse et elle tient sur le sol grâce à de grandes poutres écartées.

– Ça peut marcher, murmure-t-il, tout excité.

Pour s'en convaincre, il se lance dans de grands calculs : poids des matériaux, résistance au vent, aux charges... Bien sûr que ça peut tenir !

De plus en plus exalté, il commence un autre schéma à côté de sa tour. Il dessine la cathédrale Notre-Dame de Paris. Dessus, il place la statue de la Liberté. Sur le doigt levé de la statue, il pose une colonne ; sur la colonne, il ajoute un arc de triomphe, puis deux autres colonnes et encore un bâtiment. Voilà, la tour sera aussi haute que ces monuments empilés les uns sur les autres !

Quelques jours plus tard, Gustave Eiffel jette un regard sceptique sur le dessin de son

collaborateur. Il ne le dit pas, mais il le pense :
«C'est bizarre. Très bizarre !»

Il interroge cependant :

– Vous êtes sûr de vos calculs ?

– Oui. Nous les avons revus, Émile Nouguier
et moi.

Dans l'entreprise Eiffel, Émile Nouguier est
chargé des études techniques. C'est à lui de
s'assurer que les projets envisagés sont réalisables,
et il a la confiance de son patron. Celui-ci sait aussi
que son entreprise maîtrise parfaitement la technique de construction des pylônes. Il commence
à se dire que le projet de ses deux collaborateurs
n'est peut-être pas aussi fou qu'il y paraît.

– Imaginez, poursuit Nouguier. On placerait
cette tour à l'entrée de l'Exposition ! Je peux
vous assurer qu'on ne verrait qu'elle !

Gustave Eiffel a une moue.

– Vous savez que les monuments édifiés pour
l'Exposition ne sont pas destinés à rester. Ils
sont provisoires et seront démolis dès que l'Exposition fermera ses portes, c'est-à-dire six mois
après son inauguration. C'est beaucoup d'argent,
d'investissements et de travail pour une durée
de vie bien courte.

Le silence s'installe. Gustave Eiffel réfléchit. Il finit par dire :

– Bon. Ce projet ne m'intéresse pas plus que ça, mais je vous autorise à en poursuivre l'étude.

Émile Nouguier et Maurice Kœchlin n'en demandent pas plus.

L'entreprise Eiffel compte également un architecte, Stephen Sauvestre. Ils lui proposent de mettre le projet en forme.

Le nouveau dessin qu'ils soumettent à Eiffel quelque temps plus tard est beaucoup plus séduisant. Les quatre pieds de la tour reposent à présent sur quatre socles de pierre. Les piliers sont habillés de dentelles en métal, et le premier palier est soutenu par des arcs gigantesques. Des salles vitrées entourées d'arcades sont prévues aux étages. Des ornements, comme des statues, sont ajoutés un peu partout. L'ensemble est audacieux, élancé et donne l'impression d'une grande stabilité.

Eiffel contemple le projet. Les arcs géants pourraient tout à fait faire office d'entrée à l'Exposition.

– Oui, oui, oui… murmure-t-il.

Il est tellement convaincu qu'il dépose, le

18 septembre 1884, un brevet d'invention au nom d'Eiffel, Nouguier et Kœchlin. Ce brevet protège « une disposition nouvelle permettant de construire des piles et des pylônes métalliques d'une hauteur pouvant dépasser trois cents mètres ».

L'aventure de la Tour a commencé.

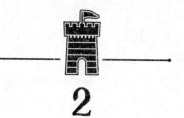

2

UN CONCOURS
POUR UNE TOUR

Quelque temps plus tard, en novembre 1884, Maurice Kœchlin fait irruption dans le bureau de Gustave Eiffel et annonce d'une voix vibrante d'excitation :

– Le décret est signé ! L'Exposition universelle va vraiment avoir lieu !

– Je suis au courant, réplique Eiffel.

Jusque-là en effet, l'Exposition était une simple idée que le gouvernement hésitait à officialiser. L'organisation d'une manifestation comme celle-ci coûte cher, et l'État n'avait pas trop les moyens d'engager de telles dépenses.

Mais la France ne pouvait pas passer à côté du centenaire de la Révolution ! Alors Jules Grévy, le président de la République, avait finalement décidé de signer les décrets nécessaires.

Eiffel et Kœchlin se dévisagent, et Eiffel finit par déclarer :

— Les choses sérieuses vont commencer.

Il a raison.

Les projets de réalisations pour la future Exposition universelle fleurissent. Architectes ou industriels, ils sont nombreux à avoir des idées originales ! Alors, si Eiffel veut que son idée de tour soit repérée, il doit en parler ; il doit la faire connaître. Et c'est ce qu'il fait. Le dessin de la Tour est publié dans des revues spécialisées ; Eiffel donne des conférences devant des experts. Petit à petit, la rumeur d'un projet fou d'une tour de trois cents mètres de haut se répand.

Certains haussent les épaules :

— À quoi servirait une tour d'une telle hauteur ? demandent-ils.

— À toutes sortes de choses, explique Eiffel. Elle sera très utile aux scientifiques : météorologie, astronomie, physique, télégraphie… Pensez à toutes les expériences qu'on pourra y mener, et en plein Paris !

Il se démène d'autant plus qu'il n'est pas le seul

à proposer une tour de trois cents mètres ! L'architecte Jules Bourdais a imaginé une colonne de la même hauteur avec un phare qui éclairerait tout Paris. Lui aussi affirme que son monument aurait une grande utilité :

– Le milieu médical est très intéressé, dit-il. Les malades iront respirer l'air pur au sommet de ma colonne. À chaque étage, des chambres seront aménagées pour le traitement des maladies respiratoires.

De plus, Jules Bourdais se moque d'Eiffel.

– Ce n'est qu'un ingénieur ! clame-t-il avec dédain. Depuis quand les ingénieurs sont-ils capables de dessiner des monuments ? C'est un travail réservé aux architectes.

Il se moque aussi du fer préconisé par Eiffel.

– Comme si le fer pouvait convenir pour une œuvre d'art, dit-il. D'abord, il coûte très cher. Et puis, imaginez ce qui resterait des monuments antiques bâtis il y a quatre mille ans s'ils avaient été en fer ? Rien si l'on en juge par le peu d'objets de ce métal qui sont parvenus jusqu'à nous. Et encore ces objets étaient-ils enfermés dans des coffres en granit, ce qui a assuré leur protection. Ma tour à moi sera en pierre !

Eiffel n'est pas d'accord, bien sûr ! Il répond que le fer, c'est le progrès et que les constructions en fer sont bien plus modernes que celles en pierre.

D'autres architectes proposent d'autres tours, en bois, en briques... Les idées ne manquent pas !

En décembre 1885, Jules Grévy est réélu à la présidence de la République. Soutenu par ses ministres, il relance l'idée de la manifestation qui était un peu en sommeil. Au printemps 1886 enfin, un projet de loi est voté et un budget est attribué à l'Exposition. Celle-ci doit avoir lieu trois ans plus tard. Si on veut que les monuments soient construits à cette date, il ne faut pas perdre de temps.

Oui, mais que va-t-on construire ?

Édouard Lockroy, le ministre du Commerce, lance un concours pour sélectionner les architectes et ingénieurs qui créeront les bâtiments de la future exposition. Le programme de ce concours est très précis. En ce qui concerne l'un des bâtiments, il demande aux candidats d'étudier la possibilité d'élever sur le Champ-de-Mars une tour en fer à base carrée, haute de trois cents mètres. C'est exactement la tour d'Eiffel qui est décrite dans ce programme ! L'action de l'ingénieur a porté ses fruits : sa tour a bien été repérée, et il a une longueur d'avance sur les autres.

Plus d'une centaine de personnes proposent des études, dont certaines sont très fantaisistes. L'une d'elles reprend le projet Eiffel, mais installe la tour à cheval sur la Seine, avec deux pieds d'un côté du fleuve et deux de l'autre.

Finalement, trois lauréats remportent le concours. L'architecte Dutert construira la galerie des Machines ; Formigé, un autre architecte, bâtira le palais des Beaux-arts et celui des Arts libéraux ; et Eiffel réalisera sa tour.

On est en mai 1886. Il lui reste exactement trois ans.

3

LA PERFECTION DU DÉTAIL

Dans l'entreprise Eiffel, c'est l'effervescence. Trois ans pour édifier une tour de trois cents mètres de haut, ce n'est vraiment pas long.

— Prenons les choses dans l'ordre, dit Eiffel. D'abord, l'emplacement de la tour. C'est décidé : elle se dressera sur le Champ-de-Mars, au bord de la Seine, dans l'axe du pont de Iéna. Elle sera la porte d'entrée de l'Exposition. Une porte d'entrée monumentale ! ajoute-t-il avec satisfaction.

Il se tourne vers le chef du bureau d'études et interroge :

— Les plans ?

— Les plans, répond Maurice Kœchlin, il faut les affiner, réaliser le dessin définitif de la tour, dessiner les éléments qui la constitueront, et calculer la taille et le poids de tout ce qui permettra de la bâtir.

– Et ensuite, comment allons-nous procéder ? demande quelqu'un.

– Comme nous l'avons toujours fait, répond Eiffel. Avec des plans au millimètre près.

Car la méthode Eiffel est infaillible.

D'abord, élaborer des plans très détaillés et parfaitement exacts.

Ensuite, fabriquer dans les ateliers de l'entreprise les éléments qui constitueront l'ouvrage définitif en suivant ces plans.

Pendant ce temps, préparer le terrain : creuser les fondations, aménager ce qui doit l'être.

Quand le terrain est prêt, apporter les éléments sur place au fur et à mesure qu'ils sont fabriqués.

Et ensuite ? Il ne reste plus qu'à les assembler.

Et là où il n'y avait rien, un ouvrage s'inscrit peu à peu dans le paysage : un pont, un viaduc, une charpente, une tour...

C'est ainsi qu'Eiffel a construit toutes sortes d'ouvrages dans le monde. Le secret de sa méthode ? La perfection du détail.

— Au travail ! conclut-il. Quant à moi, je m'occupe du financement.

Car construire une tour coûte cher, et il le sait. Il a obtenu une subvention de la part du gouvernement, mais elle ne suffira pas. Alors, il a négocié la durée de vie de sa tour. Elle ne sera pas limitée à six mois, le temps de l'Exposition universelle, comme il était prévu au départ. L'édifice restera vingt ans sur le Champ-de-Mars. Pendant ce temps, Eiffel percevra les bénéfices de son exploitation : les restaurants qui s'y installeront lui paieront une redevance ; les visiteurs achèteront un ticket pour grimper au sommet... Eiffel a déjà prévu mille façons de gagner de l'argent avec sa tour. Un argent qui servira à rembourser celui qu'il va engager.

Car Eiffel croit tellement à son projet qu'il met en jeu sa fortune personnelle.

4

LA PROTESTATION DES ARTISTES

Automne 1886. Devant les fenêtres de son entreprise, Eiffel guette le ciel.

– Nous devons commencer les fondations, dit-il. L'hiver sera vite là, et tout sera plus difficile.

Il est prêt à ordonner les premiers coups de pioche quand un obstacle inattendu se dresse devant lui. Les habitants qui vivent en bordure du Champ-de-Mars ne sont pas contents, et ils le font savoir en portant plainte.

– Quand nous avons bâti nos maisons ici, déclarent-ils, on nous a assuré que nous pourrions jouir du parc du Champ-de-Mars, de la vue sur la Seine et du calme des lieux. Ce terrain appartient à la Ville de Paris. Qu'il soit de temps en temps utilisé pour une Exposition, d'accord.

Mais ensuite, tout ce qui a été construit doit disparaître. Il est exclu que cette tour reste sous nos fenêtres pendant vingt ans !

Tant que l'affaire n'est pas réglée par les tribunaux, impossible de commencer les travaux. Eiffel trépigne d'impatience. Surtout qu'il a un autre problème : il doit signer un contrat avec l'État et la Ville de Paris, et ils n'arrivent pas à se mettre d'accord ! Et tant qu'il n'y a pas d'accord, les travaux ne peuvent pas démarrer...

Le mois de novembre s'écoule. Puis le mois de décembre. En janvier 1887 enfin, le contrat est signé.

26 janvier 1887.

Il fait froid et la terre du Champ-de-Mars est durcie par le gel. Sur l'immense terrain vide, des ouvriers s'activent. Ils creusent le sol. Les travaux de la tour Eiffel ont enfin débuté.

Le 14 février 1887, coup de tonnerre : le journal *Le Temps* publie une lettre. Il s'agit d'une lettre de protestation signée par des écrivains, par des artistes, par des célébrités. Elle est adressée à monsieur Alphand, le directeur des travaux de la Ville de Paris. Les lecteurs du *Temps* la découvrent :

Nous venons, écrivains, peintres, sculpteurs, architectes, amateurs passionnés de la beauté, jusqu'ici intacte de Paris, protester de toutes nos forces, de toute notre indignation, au nom du goût français méconnu, au nom de l'art et de l'histoire français menacés, contre l'érection, en plein cœur de notre capitale, de l'inutile et monstrueuse tour Eiffel... Lorsque les étrangers viendront visiter notre Exposition, ils s'écrieront, étonnés : «Quoi ! C'est cette horreur que les Français ont trouvée pour donner une idée de leur goût si fort vanté ?» Et ils auront raison de se moquer de nous...

Ça par exemple !

Et qu'en pense Eiffel ?

Pas besoin d'attendre pour le savoir ; sa réponse est publiée à la suite de la critique des artistes :

Ma tour sera le plus haut édifice qu'aient jamais élevé les hommes. Ne sera-t-elle donc pas grandiose aussi à sa façon ? Et pourquoi ce qui est admirable en Égypte deviendrait-il hideux et ridicule à Paris ? Je cherche et j'avoue que je ne trouve pas... Elle sera en même temps la preuve éclatante des progrès réalisés en ce siècle par l'art des ingénieurs. C'est seulement à notre époque, en ces dernières années, que l'on pouvait dresser des calculs assez sûrs et travailler le fer avec assez de précision pour songer à une aussi gigantesque entreprise...

Février s'écoule.

Puis mars. Puis avril, et mai, et juin. Les grands froids de l'hiver ont laissé la place à la chaleur printanière ; l'été s'annonce.

Les Parisiens guettent le ciel. Où est donc cette tour qu'on leur a promise ? Rien n'est encore sorti de terre.

C'est normal. Si on veut que la tour tienne debout, il faut l'enfoncer dans les profondeurs du sol. Et ce n'est pas rien. La Seine est proche et le sol est mou. Les ouvriers trouvent sous leurs coups de pioche des nappes de vase. La tour ne peut pas s'y appuyer. Il faut creuser plus profond jusqu'à une couche de sable et de gravier, solide, celle-là.

Le Champ-de-Mars est très animé. Les équipes d'ouvriers se relaient. Des charrettes tirées par des chevaux emportent les déblais. Tout se fait à la pelle et à la pioche. Peu à peu, le trou des fondations s'agrandit.

Beaucoup se moquent de la future tour :

— Elle ne tiendra pas debout.

— Une pichenette, un coup de vent, et hop ! elle tombera à l'eau et on n'en parlera plus.

— Qu'est-ce que ça va être moche ! Ça ressemble à un phare…

— À un clou !

— À un chandelier !

Eiffel multiplie les interventions pour défendre sa tour contre les mauvaises langues. En mai 1887, il apprend que la plainte des habitants du Champ-de-Mars a été repoussée. Ouf ! Un obstacle de moins.

Cette fois-ci, plus rien ne peut entraver les travaux, et le Champ-de-Mars est une vraie fourmilière. Les autres bâtiments de l'exposition, comme la galerie des Machines, le palais des Beaux-arts ou celui des Arts libéraux, commencent à sortir de terre. Et la tour ? Les piliers qui la

supporteront sont coulés dans les fondations. Enfin, le 1er juillet 1887, le montage commence.

Les pièces métalliques sont d'abord fabriquées et soigneusement mises au point dans les ateliers d'Eiffel. Une fois livrées sur le Champ-de-Mars, elles doivent s'emboîter les unes dans les autres au millimètre près. Et si l'une d'elles ne convient pas ? Elle est directement renvoyée à Levallois pour être rectifiée.

Bientôt, les quatre pieds de la tour sortent du sol. Des échafaudages géants sont mis en place afin de les soutenir, et les Parisiens se pressent avec curiosité pour assister au spectacle.

L'été s'écoule, puis l'automne. Les deux piliers monumentaux s'élèvent doucement. Au mois de décembre 1887, la température a considérablement chuté. Debout au pied de sa tour en construction, Eiffel a les pieds gelés, mais il ne sent pas le froid.

Des appels résonnent dans l'air tandis que les grues déplacent de lourdes pièces de fer.

– Un peu plus à gauche !

– Là… Nous y sommes.

Le son des marteaux sur le métal claque au-dessus du Champ-de-Mars.

– C'est gigantesque… murmure un curieux.

«Et vous n'avez encore rien vu !» a envie de répondre Eiffel.

Il se tait car sa gorge est trop nouée pour qu'il puisse émettre une seule parole. Les ouvriers sont en effet arrivés à un point particulièrement délicat : ils sont en train de mettre en place les grandes poutres qui assureront la jonction entre les quatre piliers.

Au fur et à mesure que les éléments s'ajustent, Eiffel se détend. Tout a vraiment été calculé au millimètre près, et il n'y a pas de mauvaise surprise. Voilà le premier étage de la tour achevé. Il se trouve à cinquante-sept mètres au-dessus du sol.

La première phase de la construction est réussie.

5

LA TÊTE DANS LES NUAGES

Ce matin-là, le vent pique les yeux des ouvriers et gèle le bout de leurs doigts. Accrochés aux pièces de métal à plus de soixante mètres au-dessus du sol, ils serrent les dents. Parfois, l'un d'eux laisse échapper un juron. À la pause, ils discutent entre eux.

– Neuf heures de travail par jour, en plein hiver, c'est trop !

– Surtout pour ce que nous sommes payés…

La tour monte cependant. Le deuxième étage est atteint, à cent quinze mètres au-dessus du sol. Avec l'arrivée du printemps, les ouvriers souffrent moins du froid, mais travaillent plus longtemps, jusqu'à treize heures par jour en été.

En bas, les spectateurs se dévissent le cou pour les observer.

– Ils n'ont pas le vertige ? demande un enfant.

– Penses-tu ! répond son père. Ils ont l'habitude…

Et c'est vrai. Les ouvriers de la tour ont l'habitude de travailler à une telle hauteur. Et d'ailleurs, ils travaillent souvent sur des plates-formes munies de garde-corps. Car c'est cela aussi, l'organisation Eiffel : tout prévoir. Ainsi, les ouvriers savent exactement ce qu'ils ont à faire et comment ils doivent le faire. Aucune fantaisie, aucune acrobatie n'est tolérée. Le chef de chantier, Eugène Milon, y veille, et les chefs d'équipe aussi. Au moindre écart, l'ouvrier fautif est renvoyé.

Le père de l'enfant se tait en regardant une équipe de quatre hommes suspendus au-dessus du vide. Ils sont en train de placer les rivets qui maintiennent les pièces de métal entre elles.

– Ça sent mauvais, reprend l'enfant en plissant le nez.

– C'est normal, explique un ouvrier qui passe par là. Tu vois, petit, pour que la tour soit bien solide, les rivets doivent être posés à chaud. L'un de nous chauffe le rivet dans une petite forge jusqu'à ce qu'il soit rouge. Un autre le met en place ; un troisième tape dessus pour l'enfoncer, et un quatrième termine le travail à coups de masse.

– Quatre hommes sont donc nécessaires pour ce travail, fait observer le père.

– Exactement.

– Et combien en posent-ils par jour ?

– Oh ! Une bonne équipe de quatre atteint la centaine.

L'enfant a les yeux rêveurs. Il écoute le son des marteaux sur le métal, et celui, plus sourd, de la masse. Il respire l'odeur dégagée par la forge et se racle la gorge, car cette fumée est tout de même un peu irritante. Il guette les silhouettes qui se dessinent sur le ciel, très haut au-dessus de sa tête. Parfois, un éclair jaillit sous le marteau. Ces hommes ressemblent à des géants maîtres du feu, de l'espace et aussi des nuages qui les enveloppent parfois, les masquant alors aux yeux des spectateurs. Ces images, jamais l'enfant ne les oubliera.

À la fin de l'été 1888, Eiffel est rassuré. Les travaux ont bien avancé, la tour sera prête à temps.

Mais patatras ! Un jour de septembre, un messager se rue dans son bureau.

– Le chantier est arrêté ! Les ouvriers sont en grève !

La grève… Eiffel la redoutait, car la grogne n'a cessé de monter au sein des équipes durant l'été. Il accepte aussitôt de recevoir une délégation et écoute les revendications de ses ouvriers. Le chantier est arrêté un jour, deux jours, trois jours, pendant lesquels Eiffel discute à plusieurs reprises avec la délégation. Finalement, ils se mettent d'accord et Eiffel annonce :

– Votre tarif horaire sera augmenté.

Les ouvriers reprennent le travail.

Pas pour longtemps.

En décembre, la grève reprend. Cette fois, Eiffel ne cède pas. Mais il promet une prime de cent francs à tous les monteurs qui resteront jusqu'à la fin avant de déclarer :

– Que ceux qui veulent s'en aller s'en aillent !

Il pense cependant au confort de ses ouvriers et installe pour eux une cantine au premier étage de la tour, puis au deuxième… ce qui présente aussi l'avantage d'éviter qu'ils perdent du temps dans les cafés du Champ-de-Mars.

Eiffel veut d'autant moins céder qu'ils sont tout près du but. La tour s'affine et grimpe allègrement vers les trois cents mètres prévus. Bientôt, le troisième étage est en place. Les curieux qui se pressent sur le Champ-de-Mars sont parfois déçus : le sommet se perd dans la brume ; impossible de voir ce qui s'y passe !

Et puis un jour...

Le 31 mars 1889, une foule de Parisiens se rassemble sur le Champ-de-Mars. Eiffel est là. Sous les yeux des spectateurs, il prend la tête d'un petit groupe de personnalités qu'il entraîne vers les escaliers. Les ascenseurs n'ont pas encore été installés, il va falloir monter à pied les 1 792 marches qui conduisent au sommet !

Cinquante-sept mètres plus haut, les premiers visiteurs de la tour s'arrêtent sur la première plate-forme pour reprendre leur souffle. Certains déclarent, en épongeant leur front trempé de sueur :

— Continuez sans moi. Je n'en peux plus !

Eiffel est en pleine forme. Il conduit ceux qui le veulent vers le deuxième étage.

Depuis le sol, ceux qui les observent clignent des yeux en suivant leur progression dans les mailles de la tour de fer. Bientôt, les silhouettes sont si petites qu'on les distingue à peine.

Entre le deuxième et le troisième étage, un escalier étroit s'enroule autour de l'axe central. Quelques-uns renoncent à s'y engager. Les autres osent l'emprunter et ils découvrent enfin un incroyable panorama. Ils sont à trois cents mètres au-dessus du sol, et Paris est là, comme ils ne l'ont jamais vu.

Eiffel pointe le doigt et déclame, aussi fier qu'un propriétaire faisant visiter son château :

– Là-bas, c'est Montmartre. Au pied de ces nuages bleus, la forêt de Saint-Germain. Ici, la Seine...

– On dirait un ruisseau ! s'exclame quelqu'un.

– Et les bateaux sont minuscules, renchérit un autre.

Quant au centre de Paris, il ressemble à un décor, avec ses rues droites, ses toits carrés, ses façades alignées et une foule de petits points noirs : les Parisiens.

Mais l'ascension n'est pas terminée. Ils ne sont plus que quelques-uns à suivre Eiffel sur les dernières marches qui conduisent à un belvédère balayé par le vent. Eiffel se tourne

vers le ministre Lockroy pour qu'il déploie le drapeau aux couleurs nationales. Mais Lockroy refuse : il préfère lui laisser cet honneur. Quelqu'un entonne *La Marseillaise*. Tout le monde l'accompagne. Puis des détonations venues d'en bas retentissent : une, deux, trois... quatorze, quinze... dix-neuf, vingt, vingt et un ! Monsieur Chautemps, le président du conseil municipal, félicite Eiffel et annonce qu'une prime de mille francs sera versée aux ouvriers du chantier en récompense de leur travail.

Finalement le petit groupe regagne le troisième étage où le champagne les attend. À l'abri du vent, tout le monde lève sa coupe en l'honneur d'Eiffel. Des ouvriers sont là, accrochés aux poutrelles de fer. Pour rien au monde ils n'auraient voulu manquer cette cérémonie ! D'autres ouvriers offrent à leur patron un gros bouquet de lilas blanc. Certains ont les larmes aux yeux. Si la tour est là, c'est aussi grâce à eux, et ils en sont fiers.

Quant à Eiffel, il savoure le moment. Il a gagné son pari. La tour est prête pour l'ouverture de l'Exposition, et il n'a aucun doute : elle en sera la grande vedette.

6

LA REINE DE L'EXPOSITION

Ça y est ! On est en mai 1889, l'Exposition universelle a été inaugurée le 6, et la tour est ouverte au public. Les ascenseurs ne sont toujours pas installés. Qu'importe ! Ils sont des milliers à se presser au pied des marches de fer et à entreprendre l'ascension.

Une fois les ascenseurs en place, la foule est encore plus nombreuse. Les visiteurs arrivent de toutes les régions de France, mais aussi de l'étranger, des pays d'Europe et de plus loin encore.

La tour joue pleinement son rôle : comme Eiffel l'avait rêvé, elle est la porte d'entrée monumentale de l'Exposition. Les visiteurs passent entre ses quatre pieds en levant la tête vers son audacieuse architecture. Puis ils grimpent dans les étages pour admirer Paris vu du ciel.

Ce jour-là, sur la troisième plate-forme, une petite fille et son papa découvrent les lieux. Une partie de cet étage est privée, elle est réservée à Eiffel. L'autre est ouverte au public. De là, le panorama est exceptionnel et les deux visiteurs ne s'en lassent pas.

– Regarde, papa, fait observer la petite fille, ce bâtiment, là-bas, il a l'air tout petit !

– C'est vrai, répond le père, mais je ne suis pas sûr que ce soit le cas... On va voir ?

– D'accord !

Ils redescendent au deuxième étage.

– Hmmm ! Ça sent bon ! s'exclame la fillette en s'arrêtant net.

Le parfum provient d'une pâtisserie.

– Tu n'as pas un peu faim, des fois ? demande le père.

– Oh ! si !

– Allons nous acheter des petits pains.

À cet étage, il y a aussi des boutiques, une buvette et une imprimerie où chaque jour, une édition spéciale du journal *Le Figaro* est fabriquée.

– C'est l'endroit idéal pour avoir les dernières nouvelles ! commente le père.

Ils rejoignent ensuite le premier étage qui fourmille lui aussi d'activité. Plusieurs restaurants y sont installés : un français, un russe, un anglo-américain...

— Tu as vu, papa, dit la fillette, toutes les tables sont occupées !

— Nous avons bien fait d'acheter nos petits pains à l'étage du dessus, réplique le père.

— Ah oui ! Ça sentait si bon, ces viennoiseries ! Et les gâteaux étaient si jolis !

Ils gagnent enfin la terre ferme puis se dirigent vers le bâtiment qu'ils ont repéré. Plus ils approchent, plus ils réalisent qu'il est en effet gigantesque !

— C'est quoi ? murmure la fillette, impressionnée.

— La galerie des Machines.

Le père et la fille détaillent du regard la halle colossale qui se dresse devant eux. Sa charpente est tout en fer, comme la tour, avec des piliers, des arcs, des arceaux, des poutres qui supportent une immense toiture de verre.

— C'est bien plus haut qu'une église ! s'exclame la fillette. On entre ?

— Bien sûr !

Ils pénètrent dans l'immense halle et ne peuvent retenir un cri de stupéfaction.

– Ooooh !...

Le lieu est rempli d'engins qui cliquettent, claquent, ronronnent en crachant de la vapeur. Quel vacarme ! La plupart sont énormes, et pourtant, ils semblent minuscules au cœur de ce prodigieux bâtiment. Des ponts roulants qui fonctionnent à l'électricité permettent de circuler d'un bout de la galerie à l'autre. Il y a des machines pour tout. L'une d'elles fabrique de la pâte à papier. La fillette et son père découvrent aussi un moulin et une amusante machine à laver les assiettes !

Au bout d'un moment, ils quittent la halle pour découvrir le reste de l'Exposition, comme les pavillons étrangers ou le palais des Beaux-arts où sont exposés des tableaux.

Et Eiffel, que fait-il pendant ce temps ?

Il est débordé !

D'abord, il n'habite plus chez lui. Il s'est aménagé un appartement sur la troisième plate-forme de la tour. Et puis, il est invité partout : à de grands dîners, au spectacle, à l'opéra. Il reçoit également beaucoup, car nombreux sont ceux qui ont envie de découvrir son logis au cœur de la tour de fer.

Mais bien sûr, seuls les visiteurs prestigieux ont l'honneur de le rencontrer. Car l'Exposition attire aussi les rois, les reines, les princes, les chefs d'État, les personnalités et les savants du monde entier. Gustave Eiffel reçoit ainsi le président de la République et sa famille, le prince et la princesse de Galles, le roi de Grèce Georges Ier, le shah de Perse, le tsarévitch de Russie, le roi de Suède et de Norvège, des cheikhs arabes, des princes d'Égypte, les princes de la famille royale du Japon... Et puis des ingénieurs américains, anglais, russes, brésiliens, espagnols... qui viennent le féliciter pour son travail.

La plupart laissent une trace de leur passage dans le livre d'or mis à leur disposition.

Un autre personnage étonnant n'a pas hésité à traverser l'océan pour participer à l'Exposition. Il s'agit du colonel Cody, surnommé Buffalo Bill. Il a amené avec lui ses cow-boys et ses Indiens, et les Parisiens peuvent assister au spectacle qu'il présente. Celui-ci retrace la vie sauvage de l'Ouest américain : danses indiennes, capture de chevaux sauvages au lasso, rodéo, attaques de diligences... tout y est !

Un scientifique, américain lui aussi, vient rencontrer Eiffel. Il s'agit de Thomas Edison. Le savant travaille à l'invention d'un appareil qui permettrait de téléphoner et de voir en même temps son correspondant. Il réfléchit également à un moyen autre que le ballon pour se déplacer dans les airs. Il est très curieux en tout cas de découvrir les possibilités scientifiques qu'offre la tour, et de discuter avec son inventeur.

La nuit, la tour tient encore la vedette. Des becs de gaz l'illuminent. Un phare tricolore envoie des signaux bleus, blancs et rouges sur Paris. Chaque jour, un coup de canon tiré du sommet de la tour annonce l'ouverture et la fermeture de l'Exposition.

Six mois s'écoulent dans un tourbillon incessant. L'Exposition universelle de 1889 est un formidable succès, et la tour y est pour beaucoup.

Naturellement, certains continuent de la trouver très laide et ils le font savoir. Ils écrivent des poèmes ou des articles qui se moquent d'elle et de son inventeur ; ils dessinent des caricatures ; ils inventent des chansons. Eiffel n'y prête pas attention. Car dans le même temps, de nombreux admirateurs lui envoient des lettres de remerciement ou écrivent eux aussi des poèmes, des articles, des chansons pour déclarer à quel point la tour est belle, et affirmer qu'elle représente la modernité et le siècle qui s'annonce.

Eiffel est d'autant plus ravi que sa tour est un immense succès populaire. Les visiteurs, venus de toutes les régions françaises, l'adorent. Ils ne manquent pas d'acheter une tour miniature à rapporter chez eux en souvenir de leur visite. La tour est aussi peinte sur des tasses, des assiettes et toutes sortes d'objets qui se vendent à des milliers d'exemplaires.

Et l'argent qu'Eiffel a investi pour la bâtir ? Pas de problème ! Avec l'afflux de visiteurs, il est déjà largement remboursé.

Quand l'Exposition ferme ses portes, à l'automne 1889, Gustave Eiffel est un homme heureux. Il est très admiré. Sa famille est à l'abri du besoin. Il a de nombreux projets : acheter une grande maison à Paris avec un jardin et une

7

IL FAUT SAUVER LA TOUR !

L'année 1900 approche.

La tour est toujours là, posée sur le Champ-de-Mars, et elle attire toujours les visiteurs… mais de moins en moins. Pour célébrer le changement de siècle, le président de la République, Sadi Carnot, a décidé qu'une nouvelle Exposition universelle aurait lieu à Paris. Un concours est lancé pour définir l'aménagement du Champ-de-Mars.

Eiffel lit le descriptif de ce concours : « Les candidats seront libres de faire ce qu'ils veulent du "clou" de 1889. Ils peuvent le modifier, ou même le supprimer… »

– Supprimer ma tour ! s'exclame Eiffel. Il n'en est pas question ! De toute façon, lors de sa construction, j'ai reçu l'autorisation de l'exploiter pendant vingt ans ! Il n'y a pas le compte !

Heureusement, que ce soit ceux qui aiment la tour ou ceux qui la détestent, tout le monde est d'accord pour convenir que la démolir coûterait très cher. Pourquoi engager une telle dépense ? Pour la modifier, en revanche, les idées ne manquent pas.

– On pourrait l'arrondir. Elle ressemblerait à une gigantesque cheminée d'usine...

– Pourquoi ne pas la recouvrir de plaques ? Cela la transformerait en obélisque.

– Pfff ! Coupons-en un morceau !

– Ah oui ! Conservons seulement le premier étage, et posons dessus un énorme globe...

– Non ! Pas un globe ! Des éléphants en zinc. Et on installera des restaurants à l'intérieur...

De son côté, Eiffel réfléchit. Sa tour est encore toute jeune, et pourtant elle a besoin d'un petit coup de neuf. Il jette ses idées sur le papier : faciliter la circulation sur la plate-forme du premier étage ; agrandir celle du deuxième avec une galerie extérieure ; équiper la tour d'un éclairage électrique ; revoir le système des ascenseurs...

Quand l'Exposition universelle de 1900 ouvre ses portes, la tour est resplendissante. Des milliers d'ampoules dessinent ses formes sur le ciel nocturne tandis que des projecteurs arrosent d'une puissante lumière la ville de Paris. Une fois de plus, sa silhouette domine les bâtiments du Champ-de-Mars.

Mais les temps ont changé. À présent, c'est la pierre qui est à l'honneur ; et la tour en fer a un côté démodé. Elle reçoit deux fois moins de visiteurs qu'en 1889.

Et cela dure. Le nombre de visiteurs baisse régulièrement.

Durant tout ce temps, Eiffel tient le décompte des années de vie qui restent à sa tour : cinq ans, quatre ans, trois ans, deux ans, un an... Quand l'année 1909 commence, il se dit que l'aventure se terminera bientôt.

Mais il n'y croit pas.

Et il n'est pas le seul.

La tour a toujours fait parler d'elle, et ce n'est pas fini. Un architecte, Jean-Louis Pascal, fait son éloge.

— C'est un bâtiment unique au monde, déclare-t-il. Tous les visiteurs qui grimpent au sommet en redescendent émerveillés. Et surtout, elle est parfaitement adaptée aux recherches scientifiques.

C'est exact. Eiffel a toujours cru à l'intérêt scientifique de sa tour. Lors de sa construction, il avait tenu à faire graver sur la frise extérieure du premier étage, en lettres d'or, le nom de soixante-douze savants. Il avait aussi fait installer des laboratoires au troisième étage, à côté de ses appartements. Depuis, il a multiplié les expériences sur la force des vents par exemple. Il a aussi ouvert la tour aux chercheurs : météorologues, biologistes, astronomes... Tous ces scientifiques sont d'accord avec Eiffel : il faut sauver la tour !

Les militaires vont les y aider. Avec ses trois cents mètres de haut, la tour permet d'observer le terrain à une très grande distance. Cela peut être utile. Plus tard, des antennes sont installées au sommet. Elles permettent la diffusion de la radio, puis de la télégraphie sans fil.

À plusieurs reprises, on reparle de détruire la tour. Mais personne ne veut prendre cette décision ! La tour fait à présent partie du paysage parisien, et sa disparition est inconcevable. De plus, grâce aux antennes de radio installées au sommet, elle permet de communiquer avec des interlocuteurs vivant très loin, dans d'autres pays, comme si Paris dialoguait avec le monde entier.

Alors démolir la tour, plus personne ne pense cela possible. Eiffel a réussi son pari : non seulement il a sauvé sa tour, mais plus personne ne doute de son utilité, plus personne n'envisage le Champ-de-Mars sans elle.

Le temps s'écoule.

En juillet 1937, sur le Champ-de-Mars, une dame admire le nouveau paysage parisien. Le palais du Trocadéro est toujours là ; la Seine aussi, bien sûr. Un bâtiment, le palais de Chaillot a été construit, et le pont de Iéna a été élargi.

La tour se dresse harmonieusement dans ce cadre magnifique.

Une petite fille sautille aux côtés de la dame.

– Tu vois, commence cette dernière, j'avais ton âge la dernière fois que je suis venue ici. C'était pour l'Exposition universelle de 1889. Mon père voulait absolument la voir et il m'a emmenée. Nous avons été parmi les premiers visiteurs à grimper tout là-haut...

Les yeux de la dame sont légèrement embués. Elle se souvient de sa main dans celle de son père ; du petit pincement dans son cœur tandis que l'ascenseur l'emportait vers le premier étage ; des marches de fer qui conduisaient au troisième ; de son émerveillement en découvrant les toits de Paris, à la fois si proches, si lointains, si petits.

– C'était extraordinaire, poursuit-elle. Il y avait aussi cette grande galerie, pleine de machines. Et le lendemain, nous sommes allés voir le spectacle de... Comment s'appelait-il déjà ? Ah oui ! Buffalo Bill...

Son cœur bat doucement dans sa poitrine. Ses souvenirs y sont gravés à jamais. L'enthousiasme de son papa, les cris des vendeurs de souvenirs, le parfum des pâtisseries du deuxième étage, le fondant unique du petit pain dégusté ce jour-là, l'animation joyeuse du Champ-de-Mars, et ce sentiment ineffaçable qu'elle avait eu de participer à quelque chose de grand, à un événement historique.

Ses doigts se referment sur un bijou qui repose sur sa poitrine. Il s'agit d'une minuscule tour Eiffel suspendue à une chaîne en or. Elle l'avait soigneusement choisie parmi les innombrables souvenirs proposés, et son père la lui avait achetée. Voilà quarante-huit ans qu'elle la porte. Ce n'est pas le plus joli de ses bijoux, ni le plus coûteux, mais c'est celui qu'elle a toujours préféré.

— Et nous, bonne-maman, on va y grimper sur la tour ? demande soudain la fillette.

La dame empoigne la main de sa petite-fille.

— Si on va y grimper ? Bien sûr ! Pourquoi crois-tu que j'ai voulu t'amener ici ?

Elle ajoute en entraînant la fillette :

— Quand je pense qu'ils ont voulu la démolir !

— La démolir ! s'exclame la petite. Tu n'y penses pas, bonne-maman ! La tour Eiffel, c'est l'emblème de Paris !

POUR EN SAVOIR PLUS
SUR L'HISTOIRE
DE LA TOUR EIFFEL

On connaît l'histoire de la tour Eiffel
d'abord par les textes. Ces textes
ont été écrits par des personnes
ayant vécu à cette époque.
Gustave Eiffel a lui-même laissé
de nombreux écrits, principalement
des ouvrages scientifiques
et techniques. On connaît aussi
cette histoire grâce aux textes
des contemporains de Gustave Eiffel,
aux journaux de l'époque, aux photos,
aux dessins techniques de la tour.
Enfin, on connaît cette histoire
grâce aux historiens qui ont travaillé
sur la vie de Gustave Eiffel
et l'aventure de sa tour.

Qui est Gustave Eiffel ?

Un ingénieur français.
Gustave Eiffel est né le 15 décembre 1832, à Dijon.
Après des études à l'École centrale, qui forme
des ingénieurs, il trouve du travail chez Charles
Nepveu, un constructeur de machines à vapeur et
de matériel pour les chemins de fer, puis au bureau
d'études des Chemins de fer de l'Ouest. Il crée
ensuite ses ateliers de constructions métalliques.
Les débuts sont difficiles, mais bientôt, les commandes
affluent. Marié en 1862, il est le père de cinq enfants.
Il meurt en 1923.

Quelles réalisations doit-on à Gustave Eiffel ?

La tour qui porte son nom et de nombreux
autres ouvrages.
Gustave Eiffel a conçu et fabriqué des centaines
de ponts en Europe, en Asie, en Amérique
du Sud… Il a aussi réalisé des viaducs
qui enjambent des vallées à des hauteurs
impressionnantes. L'un des plus connus est
le viaduc de Garabit, dans le Cantal. Il a aussi
participé à la construction de nombreux
bâtiments, comme l'observatoire de Nice ou
encore la Poste centrale d'Ho-Chi-Minh-Ville
au Vietnam.

Combien a-t-il fallu de pièces métalliques pour édifier la tour ?

Plus de 18 000.
Elles ont été fabriquées dans les ateliers de Levallois-Perret, puis transportées sur place. 5 300 dessins ont été réalisés par 50 dessinateurs et ingénieurs. La tour compte 2 500 000 rivets qui maintiennent les pièces métalliques ensemble. Son poids total avoisine les 10 000 tonnes. Les travaux ont duré 2 ans, 2 mois et 5 jours. Jusqu'à 250 ouvriers ont travaillé sur le chantier.

La tour a-t-elle subi des modifications depuis sa construction ?

Oui.
Elle a été repeinte à plusieurs reprises. Ses ascenseurs ont été modernisés. Les équipements d'accueil touristiques, comme les restaurants ou les boutiques, ont été démolis et remplacés par d'autres, plus aptes à recevoir un très grand nombre de visiteurs. L'éclairage et la mise en valeur de la tour ont été revus.

La tour a-t-elle inspiré des artistes ?

Oui.

Des peintres comme le Douanier Rousseau, Chagall, Utrillo, ou encore Delaunay l'ont représentée dans leurs tableaux. Des poètes comme Blaise Cendrars, Guillaume Apollinaire ou Guy de Maupassant l'ont évoquée dans leurs écrits. Des chansons et des pièces de théâtre l'ont mise en scène.

La tour a-t-elle joué un rôle important dans le domaine scientifique ?

Oui.

Gustave Eiffel s'est toujours intéressé aux effets du vent sur les constructions. La hauteur de la tour lui permettra d'étudier ces phénomènes. Grâce aux équipements installés dans la tour, des expériences seront conduites en météorologie ou en physique. Elle jouera également un rôle dans la mise en place de la télégraphie sans fil, d'émissions de radio, puis de télévision.

Qu'est-ce que la tour Eiffel aujourd'hui ?

Le symbole de la France dans le monde. La tour Eiffel est la vitrine de Paris. Elle accueille près de sept millions de visiteurs par an. Elle est le monument payant le plus visité au monde.

TABLE DES MATIÈRES

HÉLÈNE MONTARDRE

Hélène Montardre est écrivain. Elle a écrit de nombreux livres : romans, contes, récits, albums et documentaires.

Aux éditions Nathan, elle a déjà publié *Le fantôme à la main rouge*, *Persée et le regard de pierre*, *Zeus à la conquête de l'Olympe*, *Ulysse l'aventurier des mers*, *Alexandre le Grand – Jusqu'au bout du monde*, les romans de la collection « Petites histoires de la mythologie », les romans de la collection « Petites histoires de l'histoire » et les romans de la collection « Les Apprentis chercheurs ».

petites histoires.
de l'HISTOIRE

DÉJÀ PARUS